671

LE POËME
DE FONTENOY,

DERNIERE EDITION, CONFORME A CELLE DU LOUVRE, augmentée de beaucoup de Vers dans le Poëme, & de plusieurs additions instructives dans les Notes.

Avec l'Epître Dédicatoire au Roy, & le Discours préliminaire fort augmenté.

A LYON,

De l'Imprimerie d'AYME' DELAROCHE, seul Imprimeur ordinaire de Monseigneur le DUC DE VILLEROY, de la Ville & du Gouvernement.

M. DCC. XLV.
Avec Approbation & Permission.

L'IMPRIMEUR AU LECTEUR.

MA sixième Edition du Poëme de la BATAILLE DE FONTENOY étant épuisée, j'ai cru que malgré les Editions nombreuses qui se sont faites en Province, cette dernière, augmentée de beaucoup de Vers, & revûe avec soin par l'Auteur, feroit plaisir au Public. On trouvera beaucoup d'additions dans le Discours préliminaire & dans les Notes, relatives à ce grand Evenement : Le Poëme & le Discours sont entièrement conformes à l'Edition que SA MAJESTÉ en a fait faire au Louvre.

AU ROY,

IRE,

 Je n'avois osé dédier à VOTRE MAJESTÉ *les premiers essais de cet Ouvrage. Je craignois sur tout de déplaire au plus modeste des Vainqueurs; Mais,* SIRE, *ce n'est point ici un Panégyrique, c'est une peinture fidéle d'une partie de la Journée la plus glorieuse depuis la Bataille de Bovines.*

EPITRE.

Ce sont les sentimens de la France, quoiqu'à peine exprimés; c'est un Poëme sans exagération, & de grandes vérités sans mélange de fiction, ni de flaterie. Le nom de VOTRE MAJESTÉ *fera passer cette faible esquisse à la posterité, comme un monument autentique de tant de belles actions, faites en votre présence, à l'exemple des vôtres.*

Daignez, SIRE, *ajoûter à la bonté que* VOTRE MAJESTÉ *a eue de permettre cet hommage, celle d'agréer les profonds respects d'un de vos moindres Sujets, & du plus zélé de vos Admirateurs.*

VOLTAIRE.

DISCOURS PRÉLIMINAIRE.

LE Public sait que cet Ouvrage, composé d'abord avec la rapidité que le zèle inspire, reçut des accroissemens à chaque Edition qu'on en faisoit. Toutes les circonstances de la Victoire de Fontenoy, qu'on apprenoit à Paris de jour en jour, méritoient d'être célébrées, & ce qui n'étoit d'abord qu'une Pièce de cent Vers, est devenu un Poëme qui en contient plus de trois cent quarante ; mais on y a gardé toujours le même ordre, qui consiste dans la Préparation, dans l'Action, & dans ce qui la termine. On n'a fait même que mettre cet ordre dans un plus grand jour, en traçant dans cette Edition, le portrait des Nations dont étoit composée l'Armée ennemie, & en spécifiant leurs trois attaques.

On a peint avec des traits vrais, mais non injurieux, les Nations dont LOUIS XV. a triomphé : par exemple, quand on dit des Hollandais, qu'ils avoient autrefois brisé le joug de l'*Autriche cruelle*, il est clair que c'est de l'Autriche, *alors cruelle envers eux*, que l'on parle : car assurément elle ne l'est pas aujourd'hui pour les Etats Généraux ; & d'ailleurs, la Reine de Hongrie qui ajoute tant à la gloire de la Maison d'Autriche, sait combien les Français respectent sa Personne & ses vertus, en étant forcés de la combattre.

Quand on a dit des Anglois, *Et la Férocité le cède à la Vertu*, on a eu soin d'avertir en notes dans toutes les Editions, que ce reproche de férocité ne tomboit que sur le Soldat.

En effet, il est très-véritable que lorsque la colomne Anglaise déborda Fontenoy, plusieurs Soldats de cette Nation crièrent : *No quarter, point de quartier*. On sait encore, que quand M. de Sechelles seconda les intentions du Roi, avec une prévoyance si singulière, & qu'il fit préparer autant de secours pour les Prisonniers ennemis blessés, que pour nos Troupes ; quelques Fantassins Anglais s'acharnèrent encore contre nos Soldats, dans les chariots même où l'on transportoit les vainqueurs & les vaincus blessés.

Les Officiers, qui ont par-tout, à peu près, la même éducation dans toute l'Europe, ont aussi la même générosité; mais il y a des Pays où le Peuple, abandonné à lui-même, est plus farouche qu'ailleurs. On n'en a pas moins loué la valeur & la conduite de cette Nation; & sur-tout, on n'a cité le nom de M. le Duc de Cumberland qu'avec l'éloge que sa magnanimité doit attendre de tout le monde.

Quelques Etrangers ont voulu persuader au Public, que l'illustre Adisson, dans son Poëme de la Campagne de Hoshted, avoit parlé plus honorablement de la Maison du Roi, que l'Auteur même du Poëme de Fontenoy. Ce reproche a été cause qu'on a cherché l'Ouvrage de M. Adisson à la Bibliothéque de Sa Majesté, & on a été bien surpris d'y trouver beaucoup plus d'injures que de louanges; c'est vers le trois centième Vers. On ne les répétera point, & il est bien inutile d'y répondre; la Maison du Roi leur a répondu par des victoires. On est très-éloigné de refuser à un grand Poëte, & à un Philosophe très-éclairé, tel que M. Adisson, les éloges qu'il mérite; mais il en mériteroit davantage, & il auroit plus honoré la Philosophie & la Poësie, s'il avoit plus ménagé dans son Poëme, des Têtes couronnées, qu'un ennemi même doit toujours respecter, & s'il avoit songé que les louanges données aux vaincus, sont un laurier de plus pour les vainqueurs : il est à croire que quand M. Adisson fut Sécrétaire d'Etat, le Ministre se repentit de ces indécences échapées à l'Auteur.

Si l'Ouvrage Anglais est trop rempli de fiel, celui-ci respire l'humanité. On a songé, en célébrant une Bataille, à inspirer des sentimens de bienfaisance. Malheur à celui qui ne pourroit se plaire qu'aux peintures de la destruction, & aux images des malheurs des hommes.

Les Peuples de l'Europe ont des principes d'humanité qui ne se trouvent point dans les autres parties du Monde; ils sont plus liés entr'eux, ils ont des Loix qui leur sont communes; toutes les Maisons des Souverains sont alliées; leurs Sujets voyagent continuellement, & entretiennent une liaison réciproque. Les Européens chrétiens sont ce

PRÉLIMINAIRE.

qu'étoient les Grecs; ils se font la guerre entr'eux; mais ils conservent dans ces dissentions, d'ordinaire, tant de bienséance & de politesse, que souvent un Français, un Anglais, un Allemand qui se rencontrent, paroissent être nés dans la même Ville. Il est vrai que les Lacédémoniens & les Thébains étoient moins polis que le peuple d'Athènes; mais enfin, toutes les Nations de la Grèce se regardoient comme des Alliées, qui ne se faisoient la guerre que dans l'espérance certaine de la paix : ils insultoient rarement à des ennemis, qui dans peu d'années devoient être leurs amis. C'est sur ce principe qu'on a tâché que cet Ouvrage fût un monument de la gloire du Roi, & non de la honte des Nations dont il triomphe : on seroit fâché d'avoir écrit contre elles avec autant d'aigreur que quelques Français en ont mis dans leurs Satyres contre cet Ouvrage d'un de leurs Compatriotes; mais la jalousie d'Auteur à Auteur, est beaucoup plus grande, que celle de Nation à Nation.

On a dit des Suisses, qu'ils sont *nos antiques amis & nos concitoyens*, parce qu'ils le sont depuis deux cens cinquante ans. On a dit que les Etrangers qui servent dans nos armées, ont suivi l'exemple de la Maison du Roi & de nos autres Troupes; parce qu'en effet, c'est toujours à la Nation qui combat pour son Prince, à donner cet exemple, & que jamais cet exemple n'a été mieux donné.

On n'ôtera jamais à la Nation Française, la gloire de la valeur & de la politesse. On a osé imprimer, que ce Vers

Je vois cet Etranger, qu'on croit né parmi nous,

étoit un compliment à un Général né en Saxe, *d'avoir l'air Français*. Il est bien question ici d'air & de bonne grace ! Quel est l'homme qui ne voit évidemment que ce Vers signifie que ce Général est aussi attaché au Roi, que s'il étoit né son Sujet ?

Cette Critique est aussi judicieuse que celle de quelques personnes, qui prétendirent qu'il n'étoit pas *honnête* de dire que ce Général étoit dangereusement malade, lorsqu'en effet, son courage lui fit oublier l'état douloureux où il étoit réduit, & le fit triompher de la faiblesse de son corps, ainsi que des ennemis du Roi.

Voilà tout ce que la bienséance en général permet qu'on réponde à ceux qui en ont manqué.

L'Auteur n'a eu d'autre vûe, que de rendre fidélement ce qui étoit venu à sa connaissance, & son seul regret est de n'avoir pû, dans un si court espace de tems, & dans une Pièce de si peu d'étendue, célébrer toutes les belles actions dont il a depuis entendu parler; il ne pouvoit dire tout; mais au moins ce qu'il a dit est vrai; la moindre flaterie eût deshonoré un Ouvrage fondé sur la gloire du Roi & sur celle de la Nation. Le plaisir de dire la vérité l'occupoit si entièrement, que ce ne fut qu'après six éditions qu'il envoya son Ouvrage à la plûpart de ceux qui y sont célébrés.

Tous ceux qui sont nommés, n'ont pas eu les occasions de se signaler également. Celui qui, à la tête de son Régiment, attendoit l'ordre de marcher, n'a pû rendre le même service qu'un Lieutenant-Général, qui étoit à portée de conseiller de fondre sur la colomne Anglaise, & qui partit pour la charger avec la Maison du Roi. Mais si la grande action de l'un mérite d'être rapportée, le courage impatient de l'autre ne doit pas être oublié. Tel est loué en général sur sa valeur, tel autre sur un service rendu; on a parlé des blessures des uns, on a déploré la mort des autres.

Ce fut une justice que rendit le célébre M. Despreaux à ceux qui avoient été de l'expédition du Passage du Rhin. Il cite près de vingt noms, il y en a ici plus de soixante; & on en trouveroit quatre fois davantage, si la nature de l'Ouvrage le comportoit.

Il seroit bien étrange qu'il eût été permis à Homère, à Virgile, au Tasse, de décrire les blessures de mille Guerriers imaginaires, & qu'il ne le fut pas de parler des Héros véritables qui viennent de prodiguer leur sang, & parmi lesquels il y en a plusieurs avec qui l'Auteur avoit eu l'honneur de vivre, & qui lui ont laissé de sincères regrets.

L'attention scrupuleuse, qu'on a apportée dans cette édition, doit servir de garant de tous les faits qui sont

PRELIMINAIRE.

énoncés dans le Poëme. Il n'en est aucun qui ne doive être cher à la Nation, & à toutes les Familles qu'ils regardent. En effet, qui n'est touché sensiblement en lisant le nom de son fils, de son frère, d'un parent cher, d'un ami tué ou blessé, ou exposé dans cette Bataille qui sera célèbre à jamais; en lisant, dis-je, ce nom dans un Ouvrage, qui tout faible qu'il est, a été honoré plus d'une fois des regards du Monarque, & que Sa Majesté n'a permis qu'il lui fût dédié, que parce qu'elle a oublié son éloge en faveur de celui des Officiers qui ont combattu & vaincu sous ses ordres.

C'est donc moins en Poëte, qu'en bon Citoyen qu'on a travaillé. On n'a point cru devoir orner ce Poëme de longues fictions, surtout dans la première chaleur du Public, & dans un tems où l'Europe n'étoit occupée que des détails intéressans de cette Victoire importante, achetée par tant de sang.

La fiction peut orner un sujet ou moins grand, ou moins intéressant, ou, qui placé plus loin de nous, laisse l'esprit plus tranquille. Ainsi, lorsque Despreaux s'égaya dans sa description du Passage du Rhin, c'étoit trois mois après l'action; & cette action, toute brillante qu'elle fut, n'est à comparer ni pour l'importance, ni pour le danger, à une Bataille rangée, gagnée sur un Ennemi habile, intrépide, & supérieur en nombre, par un Roi exposé, ainsi que son Fils, pendant quatre heures au feu de l'artillerie.

Ce n'est qu'après s'être laissé emporter aux premiers mouvemens de zèle, après s'être attaché uniquement à louer ceux qui ont si bien servi la Patrie dans ce grand jour, qu'on s'est permis d'insérer dans le Poëme, un peu de ces fictions qui affaibliroient un tel sujet si on vouloit les prodiguer; & on ne dit ici en Prose, que ce que M. Adisson lui-même a dit en Vers, dans son fameux Poëme de la Campagne d'Hoshted.

On peut, deux mille ans après la guerre de Troye, faire apporter par Vénus à Enée des Armes que Vulcain a forgées, & qui rendent ce Héros invulnérable; on peut lui faire rendre son Epée par une Divinité, pour la plonger dans le sein de son ennemi. Tout le Conseil des Dieux peut s'assembler, tout l'Enfer peut se déchaîner; Alecton peut enyvrer tous les esprits des venins de sa rage: mais ni notre Siècle, ni un Evenement si récent, ni un Ouvrage si court, ne permettent guères ces peintures devenues les lieux communs de la Poësie. Il faut pardonner à un Citoyen pénétré, de faire parler son cœur plus que son imagination, & l'Auteur avoue qu'il s'est plus attendri, en disant:

Tu meurs, jeune Craon; que le Ciel moins sévère
Veille sur les destins de ton généreux frère!

que s'il avoit évoqué les Euménides, pour faire ôter la vie à un jeune Guerrier aimable.

Il faut des Divinités dans un Poëme épique, & surtout quand il s'agit de Héros fabuleux. Mais ici le vrai Jupiter, le vrai Mars, c'est un Roi tranquille dans le plus grand danger, & qui hazarde sa vie pour un Peuple dont il est le Père. C'est lui, c'est son Fils, ce sont ceux qui ont vaincu sous lui, & non Junon & Juturne qu'on a voulu, & qu'on a dû peindre. D'ailleurs, le petit nombre de ceux qui connoissent notre Poësie, savent qu'il est bien plus aisé d'intéresser le Ciel, les Enfers & la Terre à une Bataille, que de faire reconnaître & de distinguer, par des images propres & sensibles, des Carabiniers qui ont de gros fusils rayés, des Grenadiers, des Dragons qui combattent à pied & à cheval, de parler de retranchemens faits à la hâte, d'ennemis qui s'avancent en colomne; d'exprimer enfin ce qu'on n'a guères dit encore en Vers.

C'étoit ce que pensoit M. Adisson, bon Poëte & Critique judicieux. Il employa dans son Poëme, qui a immortalisé la Campagne d'Hoshted, beaucoup moins de fictions qu'on ne s'en est permis dans le Poëme de Fontenoy. Il savoit que le Duc de Malbouroug & le Prince Eugène se seroient très-peu souciés de voir des Dieux, où il étoit question des grandes actions des hommes. Il savoit qu'on réléve par l'invention les exploits de l'antiquité, & qu'on court risque d'affaiblir ceux des modernes par de froides allégories: il a fait mieux, il a intéressé l'Europe entière à son action.

Il en est à peu près de ces petits Poëmes de trois cens ou de quatre cens Vers sur les affaires présentes, comme d'une Tragédie; le fond doit être intéressant par lui-même, & les ornemens étrangers sont presque toujours superflus.

On a dû spécifier les différens Corps qui ont combattu, leurs armes, leur position, l'endroit où ils ont attaqué; dire que la colomne Anglaise a pénétré; exprimer comment elle a été enfoncée par la Maison du Roi, les Carabiniers, la Gendarmerie, le Régiment de Normandie, les Irlandais, &c. Si on n'étoit pas entré dans ces détails, dont le fond est si héroïque, & qui sont cependant si difficiles à rendre, rien ne distingueroit la Bataille de Fontenoy d'avec celle de Tolbiac. M. Despreaux dans le Passage du Rhin, a dit:

> Revel les suit de près ; sous ce Chef redouté,
> Marche des Cuirassiers l'Escadron indompté.

On a peint ici les Carabiniers au lieu de les appeller par leur nom, qui convient encore moins aux Vers que celui de Cuirassiers. On a même mieux aimé, dans cette dernière édition, caractériser les fonctions de l'Etat-Major, que de mettre en Vers les noms des Officiers de ce Corps qui ont été blessés.

Cependant on a osé appeller *la Maison du Roi* par son nom, sans se servir d'aucune autre image. Ce nom de *Maison du Roi*, qui contient tant de Corps invincibles, imprime une assez grande idée, sans qu'il soit besoin d'autre figure. M. Adisson même ne l'appelle pas autrement. Mais il y a encore une autre raison de l'avoir nommée, c'est la rapidité de l'action.

> Vous, peuple de Héros, dont la foule s'avance,
> Louis, son Fils, l'Etat, l'Europe est en vos mains.
> Maison du Roi, marchez, &c.

Si on avoit dit, *la Maison du Roi marche*, cette expression eût été prosaïque & languissante.

On n'a pas voulu s'écarter un moment, dans cet Ouvrage, de la gravité du sujet. Despreaux, il est vrai, en traitant le Paſſage du Rhin dans le goût de quelques-unes de ſes Epîtres, a joint le plaiſant à l'héroïque; car après avoir dit :

> Un bruit s'épand qu'Enguien & Condé ſont paſſés,
> Condé, dont le ſeul nom fait tomber les murailles,
> Force les Eſcadrons, & gagne les Batailles,
> Enguien, de ſon hymen le ſeul & digne fruit, &c.

Il s'exprime enſuite ainſi :

> Bien tôt.... Mais Vurts s'oppoſe à l'ardeur qui m'anime,
> Finiſſons; il eſt tems, auſſi-bien, ſi la rime
> Alloit, mal-à-propos, m'engager dans Arneim,
> Je n'en ſai, pour ſortir, de porte qu'Hildesheim.

Les perſonnes qui ont parû ſouhaiter qu'on employât dans le récit de la Victoire de Fontenoy quelques traits de ce ſtyle familier de Boileau, n'ont pas, ce me ſemble, aſſez diſtingué les lieux & les tems, & n'ont pas fait la différence qu'il faut faire entre une Epître & un Ouvrage d'un ton plus ſérieux & plus ſévère; ce qui a de la grace dans le genre épiſtolaire, n'en auroit point dans le genre héroïque.

On n'en dira pas davantage ſur ce qui regarde l'art & le goût, à la tête d'un Ouvrage, où il s'agit des plus grands intérêts, & qui ne doit remplir l'eſprit que de la gloire du Roi, & du bonheur de la Patrie.

LE POËME
DE
FONTENOY.

Quoi! du siècle passé le fameux Satyrique
Aura fait retentir la trompette héroïque,
Aura chanté du Rhin les bords ensanglantés,
Ses défenseurs mourans, ses flots épouvantés,
Son Dieu même en fureur effrayé du passage,
Cédant à nos ayeux son onde & son rivage?
Et vous, quand votre Roi, dans des Plaines de sang,
Voit la mort devant lui voler de rang en rang;
Tandis que de Tournay foudroyant les murailles,
10 Il suspend les assauts pour courir aux Batailles,
Quand des bras de l'hymen s'élançant au trépas,
Son Fils, son digne Fils suit de si près ses pas;
Vous, heureux par ses loix, & grands par sa vaillance,
Français, vous garderiez un indigne silence?

Venez le contempler aux Champs de Fontenoy.
O vous, Gloire, Vertu, Déesses de mon Roy,
Redoutable Bellone & Minerve chérie,
Passion des grands cœurs, amour de la Patrie,
Pour couronner LOUIS prêtez-moi vos lauriers,
20 Enflâmez mon esprit du feu de nos Guerriers;
Peignez de leurs exploits une éternelle image:
Vous m'avez transporté sur ce sanglant rivage;
J'y vois ces Combattans que vous conduisez tous;

C'eſt-là ce fier Saxon ¹ qu'on croit né parmi nous,
Maurice, qui touchant à l'infernale rive,
Rappelle pour ſon Roi ſon ame fugitive,
Et qui demande à Mars, dont il a la valeur,
De vivre encore un jour & d'expirer vainqueur.
Conſervez, juſtes Cieux, ſes hautes deſtinées;
30 Pour LOUIS & pour Nous prolongez ſes années.

DEJA de la tranchée ² Harcourt eſt accouru:
Tout poſte eſt aſſigné, tout danger eſt prévu;
Noailles ³ pour ſon Roi plein d'une amour fidelle,
Voit la France en ſon Maître & ne regarde qu'elle.
Ce ſang de tant de Rois, ce ſang du grand Condé,
D'Eu, ⁴ par qui des Français le Tonnerre eſt guidé;
Pentiévre, ⁵ dont le zèle avoit devancé l'âge,
Qui déja vers le Mein ſignala ſon courage,
Bavière avec de Pons, Bouflers & Luxembourg,
40 Vont, chacun dans leur place, attendre ce grand jour:
Chacun porte la joie aux Guerriers qu'il commande.
Le Fortuné Danoy, ⁶ Chabannes, Galerande,
Le vaillant Berenger, ce défenſeur du Rhin,

---

1. Le Comte Maréchal de Saxe, dangereuſement malade, étoit porté dans une gondole d'oſier, quand ſes douleurs & ſa faibleſſe l'empêchoient de ſe tenir à cheval. Il dit au Roi, qui l'embraſſa, après le gain de la Bataille, les mêmes choſes qu'on lui fait penſer ici.

2. M. le Duc d'Harcourt avoit inveſti Tournay.

3. Maréchal de France.

4. Grand Maître de l'Artillerie.

5. Il s'étoit ſignalé à la Bataille de Dettingue.

6. M. de Danoy fut retiré par ſa Nourrice d'une foule de morts & de mourans ſur le champ de Malplaquet, deux jours après la Bataille. C'eſt un fait certain : cette femme vint avec un Paſſeport, accompagné d'un Sergent du Régiment du Roi, dans lequel étoit alors cet Officier.

Colbert & du Chaila, tous nos Héros enfin,[7]
Dans l'horreur de la nuit, dans celle du silence,
Demandent seulement que le péril commence.

LOUIS, avec le jour, voit briller dans les airs
Les Drapeaux menaçans de vingt Peuples divers;
Le Belge, qui, jadis fortuné sous nos Princes,
50 Vit l'abondance alors enrichir nos Provinces:
Le Batave prudent, dans l'Inde respecté,
Puissant par son travail & par sa liberté,
Qui, long-tems opprimé par l'Autriche cruelle,
Ayant brisé son joug, s'arme aujourd'hui pour elle;
L'Hanovrien constant, qui formé pour servir,
Sait souffrir & combattre, & sur tout obéïr;
L'Autrichien rempli de sa gloire passée,
De ses derniers Césars occupant sa pensée;
Sur tout, ce Peuple altier qui voit sur tant de Mers
60 Son commerce & sa gloire embrasser l'Univers,
Mais qui, jaloux en vain des grandeurs de la France,
Croit porter dans ses mains la foudre & la balance.
Tous marchent contre nous: la Valeur les conduit,
La Haine les anime, & l'Espoir les séduit.
De l'Empire Français l'indomptable Génie
Brave, auprès de son Roi, leur foule réunie.
Des montagnes, des bois, des fleuves d'alentour,
Tous les Dieux allarmés sortent de leur séjour;
La Fortune s'enfuit, & voit avec colère,
70 Que sans elle aujourd'hui la Valeur va tout faire.
Le brave Cumberland, fier d'attaquer LOUIS,

---

7. Les Lieutenans Généraux chacun à leur Division.

A déja disposé ses Bataillons hardis :
Tels ne parurent point aux rives du Scamandre,
Sous ces murs si vantés que Pyrrus mit en cendre,
Ces antiques Héros qui montés sur un char,
Combattoient en désordre, & marchoient au hazard :
Mais tel fut Scipion sous les murs de Cartage;
Tels son rival & lui prudens avec courage,
Déployant de leur art les terribles secrets,
80 L'un vers l'autre avancés s'admiroient de plus près.

L'Escaut, les Ennemis, les remparts de la Ville,
Tout présente la mort, & LOUIS est tranquille.
Cent tonnerres de bronze ont donné le signal.
D'un pas ferme & pressé, d'un front toujours égal,
S'avance vers nos rangs la profonde colonne
Que la terreur devance, & la flamme environne :
Comme un nuage épais qui sur l'aîle des vents,
Porte l'éclair, la foudre, & la mort dans ses flancs.
Les voilà ces rivaux du grand nom de mon Maître,
90 Plus farouches que nous, & aussi vaillans peut-être,
Encor tous orgueilleux de leurs premiers exploits;
Bourbons! voici le tems de venger les Valois.

Dans un ordre effrayant, trois attaques formées
Sur trois terreins divers engagent les Armées;
Le Français, dont Maurice a gouverné l'ardeur,
A son poste attaché, joint l'art à la valeur.
La Mort sur les deux Camps étend sa main cruelle;
Tous ses traits sont lancés, le sang coule au tour
    d'elle.
Chefs, Officiers, Soldats, l'un sur l'autre entassés,

100 Sous le fer expirans, par le plomb renversés,
Poussent les derniers cris en demandant vengeance.

GRAMMONT que signaloit sa noble impatience,
Grammont dans l'Elisée emporte la douleur
D'ignorer en mourant si son Maître est vainqueur.
De quoi lui serviront ces grands titres de [8] gloire,
Ce Sceptre des Guerriers, honneur de sa mémoire ?
Ce rang, ces dignités, vanités des Héros,
Que la Mort, avec eux, précipite aux tombaux ?
Tu meurs, jeune Craon ! [9] Que le Ciel moins sévère
110 Veille sur les destins de ton généreux frère !
Hélas ! cher Longaunay, [10] quelle main, quel secours
Peut arrêter ton sang, & ranimer tes jours ?
Ces Ministres de Mars, [11] qui d'un vol si rapide,
S'élançoient à la voix de leur Chef intrépide,
Sont, du plomb qui les suit, dans leur course arrêtés,
Tels que des champs de l'air tombent précipités,
Des Oiseaux tout sanglans palpitans sur la terre.
Le fer atteint d'Avray[12]. Le jeune Dauberere
Voit de sa Légion tous les Chefs indomptés,
120 Sous le glaive & le feu mourans à ses côtés.
Guerriers, que Chabrillant avec Brancas rallie,
Que d'Anglais immolés vont payer votre vie !
Je te rends grace, ô Mars ! Dieu de sang, Dieu cruel,

---

8. Il alloit être Maréchal de France.
9. Dix-neuf Officiers du Régiment de Hainault ont été tués ou blessés. Son frère le Prince de Beauvau, sert en Italie.
10. M. de Longaunay, Colonel de nouveaux Grénadiers, mort depuis de ses blessures.
11. Officiers de l'Etat-Major, Mrs. de Puisegur, de Meziere, de S. Sauveur, de S. George.
12. Le Duc d'Avray, Colonel du Régiment de la Couronne.

La race de Colbert,[13] ce Ministre immortel,
Echape en ce carnage à ta main sanguinaire,
Guerchy[14] n'est point frapé, la vertu peut te plaire;
Mais vous brave[15] Daché, quel sera votre sort?
Le Ciel sauve, à son gré, donne & suspend la mort.
Infortuné Lutteaux! tout chargé de blessures,
130 L'art qui veille à ta vie, ajoute à tes tortures;
Tu meurs dans les tourmens; nos cris mal entendus
Te demandent au Ciel, & déja tu n'es plus.

O combien de vertus que la tombe dévore!
Combien de jours brillans éclipsés à l'aurore!
Que nos lauriers sanglans doivent coûter de pleurs!
Ils tombent ces Héros, ils tombent ces vengeurs,
Ils meurent, & nos jours sont heureux & tranquilles;
La molle volupté, le luxe de nos Villes,
Flent ces jours séreins, ces jours que nous devons
140 Au sang de nos Guerriers, aux périls des BOURBONS.
Couvrons du moins de fleurs ces tombes glorieuses,
Arrachons à l'oubli ces ombres vertueuses;
Vous[16] qui lanciez la foudre, & qu'ont frapé ses coups,
Révivez dans nos chants quand vous mourez pour nous.

---

13. M. de Croissy avec ses deux enfans, & son Neveu M. Duplessis-Châtillon blessé légèrement.

14. Tous les Officiers de son Régiment Royal des Vaisseaux, hors de combat, lui seul ne fut point blessé.

15. M. Daché [on l'écrit Dapchier] Lieutenant Général. M. de Lutteaux, Lieutenant Général, mort dans les opérations du traitement de ses blessures.

16. M. Du Brocard, Maréchal de Camp, Commandant l'Artillerie.

Eh quel seroit, grand Dieu! le Citoyen barbare,
Prodigue de censure, & de louange avare,
Qui peu touché des morts, & jaloux des vivans,
Leur pourroit envier mes pleurs & mon encens?
Ah! s'il est parmi nous des cœurs dont l'indolence,
150 Insensible aux grandeurs, aux pertes de la France,
Dédaigne de m'entendre & de m'encourager,
Reveillez-vous, ingrats; LOUIS est en danger.

Le feu qui se déploye & qui dans son passage,
S'anime en dévorant l'aliment de sa rage,
Les torrens débordés dans l'horreur des hyvers,
Le flux impétueux des menaçantes Mers,
Ont un cours moins rapide, ont moins de violence
Que l'épais Bataillon qui contre nous s'avance;
Qui triomphe en marchant; qui, le fer à la main,
160 A travers les mourans s'ouvre un large chemin.
Rien n'a pû l'arrêter; Mars pour lui se déclare:
Le Roi voit le malheur, le brave & le répare.
Son Fils, son seul espoir . . . . Ah! cher Prince,
    arrêtez,
Où portez-vous ainsi vos pas précipités?
Conservez cette vie au monde nécessaire.
LOUIS craint pour son Fils, [17] le Fils craint pour
    son Père;
Nos Guerriers tous sanglans frémissent pour tous deux,
Seul mouvement d'effroy dans ces cœurs généreux.

---

17. Un boulet de canon couvrit de terre un homme entre le Roi & Monseigneur le Dauphin; & un domestique de M. le Comte d'Argenson fut atteint d'une balle de fusil derrière eux.

Vous,[18] qui gardez mon Roi, vous, qui vengez la France,
170 Vous, peuple de Héros dont la foule s'avance,
Accourez, c'est à vous de fixer les destins ;
LOUIS, son Fils, l'Etat, l'Europe est en vos mains.
Maison du Roi! marchez, assurez la victoire;
Soubise & Peiquigny[19] vous mènent à la gloire.
Paroissez, vieux Soldats;[20] dont les bras éprouvés
Lancent de loin la mort, que de près vous bravez.
Venez, vaillante élite, honneur de nos Armées;
Partez, fléches de feu, grenades[21] enflammées;
Phalanges de LOUIS, écrasez sous vos coups
180 Ces Combattans si fiers & si dignes de vous.
Richelieu, qu'en tous lieux, emporte son courage,
Ardent, mais éclairé, vif à la fois & sage,
Favori de l'Amour, de Minerve & de Mars,
Richelieu[22] vous appelle, il n'est plus de hazards;
Il vous appelle : Il voit d'un œil prudent & ferme,
Des succès ennemis, & la cause & le terme;

. . . . . .

18. Les Gardes, les Gendarmes, les Chevaux-Légers, les Mousquetaires, sous M. de Montesson, Lieutenant Général. Deux Bataillons des Gardes Françaises & Suisses, &c.

19. M. le Prince de Soubise prit sur lui de seconder M. le Comte de la Marke, dans la défense obstinée du poste d'Antoin; il alla ensuite se mettre à la tête des Gendarmes, comme M. de Peiquigny à la tête des Chevaux-Légers, ce qui contribua beaucoup au gain de la Bataille.

20. Carabiniers, Corps institué par Louis XIV, il tire avec des Carabines rayées. On sçait avec quel éloge le Roy les a nommés dans sa Lettre.

21. Grenadiers à cheval commandés par M. le Chevalier de Grille; ils marchent à la tête de la Maison du Roi.

22. Un Ministre d'Etat qui n'a point quitté le Roi pendant la Bataille, a écrit ces propres mots : *C'est M. de Richelieu qui a donné ce conseil, & qui l'a exécuté.*

Il vole, & sa vertu sécondant vos grands cœurs,
Il vous marque la place où vous serez vainqueurs.

D'un rempart de gazon, foible & prompte barrière,
190 Que l'art oppose à peine à la fureur guerrière,
La Marke [23] Lavauguion, [24] Choiseuil d'un même effort,
Arrêtent une Armée & repoussent la mort.
Dargenson qu'enflammoient les regards de son Père,
La gloire de l'Etat, à tous les siens si chère,
Le danger de son Roi, le sang de ses ayeux,
Assaillit par trois fois ce Corps audacieux,
Cette masse de feu qui semble impénétrable:
On l'arrête, il revient, ardent, infatigable:
Ainsi qu'aux premiers tems, par leurs coups redoublés,
200 Les Béliers enfonçoient les remparts ébranlés.

Ce brillant Escadron, [25] fameux par cent Batailles;
Lui, par qui Catinat fut vainqueur à Marsailles,
Arrive, voit, combat, & soutient son grand nom.
Tu suis du Chastellet, jeune Castelmoron; [26]
Toy, qui touches encore à l'âge de l'enfance;
Toy, qui d'un faible bras qu'affermit ta vaillance,

---

23. M. le Comte de la Marke, au poste d'Antoin.
24. Mrs. de Lavauguyon, Choiseul-Meuse, &c. aux Retranchemens faits à la hâte dans le Village de Fontenoy. M. de Crequy n'étoit point à ce poste, comme on l'avoit dit d'abord, mais à la tête des Carabiniers.
25. Quatre Escadrons de la Gendarmerie arrivoient après sept heures de marche, & attaquèrent.
26. Un Cheval fougueux avoit emporté le Porte-Etendart dans la Colomne Angloise; M. de Castelmoron, âgé de 15. ans, lui cinquième, alla le reprendre au milieu du Camp des Ennemis. M. de Bellet commandoit ces Escadrons de la Gendarmerie; il y eût un cheval tué sous lui, aussi-bien que M. de Chimènes, en reformant une Brigade.

Reprends ces Etendarts déchirés & sanglans,
Que l'orgueilleux Anglais emportoit dans ses rangs;
C'est dans ces rangs affreux que Chevrier expire;
210 Monaco perd son sang, & l'Amour en soupire.
Anglais, sur Duguesclin deux fois tombent vos coups;
Frémissez à ce nom si funeste pour vous.

MAIS quel brillant Héros, au milieu du carnage,
Renversé, relevé, s'est ouvert un passage?
Biron, [27] tels on voyoit dans les plaines d'Ivry,
Tes immortels Ayeux suivre le Grand Henry.
Tel étoit ce Crillon, chargé d'honneurs suprêmes,
Nommé brave autrefois par les braves eux-mêmes;
Tels étoient ces d'Aumonts, ces grands Montmorencis,
220 Ces Crequis si vantés renaissans dans leurs Fils.[28]
Tel se forma Turenne au grand art de la Guerre,
Près d'un autre [29] Saxon la terreur de la terre,
Quand la Justice & Mars, sous un autre LOUIS,
Frapoient l'Aigle d'Autriche & relevoient les Lys.

COMMENT ces Courtisans, doux, enjoués, aimables,
Sont-ils dans les combats des Lions indomptables?
Quel assemblage heureux de graces, de valeur!
Bouflers, Meuze, d'Ayen, Duras bouillant d'ardeur,
A la voix de LOUIS, courez, troupe intrépide.

---

27. M. le Duc de Biron eut le commandement de l'Infanterie quand M. de Lutteaux fut hors de combat; il chargea successivement à la tête de presque toutes les Brigades.

28. M. de Luxembourg, M. de Loigni, & M. de Tingri.

29. Le Duc de Saxe Weimar, sous qui le Vicomte de Turenne fit ses premières Campagnes. M. de Turenne est arrière-neveu de ce grand Homme.

230 Que les Français sont grands quand leur Maître les
     guide !
   Ils l'aiment, ils vaincront, leur Père est avec eux,
   Son courage n'est point cet instinct furieux,
   Ce courroux emporté, cette valeur commune;
   Maître de son esprit, il l'est de la Fortune;
   Rien ne trouble ses sens, rien n'éblouit ses yeux:
   Il marche, il est semblable à ce Maître des Dieux,
   Qui, frapant les Titans, & tonnant sur leurs têtes,
   D'un front majestueux dirigeoit les tempêtes;
   Il marche, & sous ses coups la terre au loin mugit,
240 L'Escaut fuit, la Mer gronde, & le Ciel s'obscurcit.

   Sur un nuage épais que des antres de l'Ourse
   Les vents affreux du Nord apportent dans leur course,
   Les Vainqueurs des Valois descendent en courroux:
   Cumberland, disent-ils, nous n'espérons qu'en
     vous;
   Courage, rassemblez vos Légions altières,
   Bataves, revenez, défendez vos barrières;
   Anglais, vous que la Paix sembloit seule allarmer,
   Vengez-vous d'un Héros qui daigne encor l'aimer;
   Ainsi que ses bienfaits craindrez-vous sa Vaillance?
250 Mais ils parlent en vain; lorsque LOUIS s'avance,
   Leur génie est dompté, l'Anglais est abatu,
   Et la férocité [30] le céde à la vertu.

---

30. Ce reproche de férocité ne tombe que sur le Soldat, & non sur les Officiers, qui sont aussi généreux que les nôtres. On m'a écrit, que lorsque la Colomne Anglaise déborda Fontenoy, plusieurs Soldats de ce Corps crioient, *no quarter, no quarter*, point de quartier.

CLARE avec l'Irlandais, qu'animent nos exemples,
Venge ses Rois trahis, sa Patrie & ses Temples.
Peuple sage & fidéle, heureux Helvétiens,³¹
Nos antiques amis, & nos Concitoyens,
Votre marche assurée, égale, inébranlable,
Des ardens Neustriens ³² suit la fougue indomptable;
Ce Danois, ³³ ce Héros, qui des frimats du Nord,
260 Par le Dieu des combats fut conduit sur ce bord,
Admire les Français qu'il est venu défendre.
Mille cris redoublés près de lui font entendre:
Rendez-vous, ou mourez, tombez sous notre effort.
C'en est fait, & l'Anglais craint LOUIS & la mort.

ALLEZ, brave d'Estrée, ³⁴ achevez cet ouvrage,
Enchaînez ces vaincus échapés au carnage:
Que du Roi qu'ils bravoient ils implorent l'appui,
Ils feront fiers encor, ils n'ont cédé ³⁵ qu'à lui.

BIENTÔT vole après eux ce Corps fier & rapide, ³⁶
270 Qui semblable au Dragon qu'il eut jadis pour guide,

---

31. Les Régimens de Diesbak & de Betens, de Coutten, &c. avec des Bataillons des Gardes Suisses.

32. Le Régiment de Normandie, qui revenoit à la charge sur la Colomne Anglaise, tandis que la Maison du Roi, la Gendarmerie, les Carabiniers, &c. fondoient sur elle.

33. M. de Lowendal.

34. M. le Comte d'Estrée à la tête de sa Division, & M. de Brionne à la tête de son Régiment, avoient enfoncé les Grenadiers Anglais le sabre à la main.

35. Depuis S. Louis, aucun Roi de France n'avoit battu les Anglais en personne en bataille rangée.

36. On envoya quelques Dragons à la poursuite: Ce Corps étoit commandé par M. le Duc de Chevreuse, qui s'étoit distingué au com-

Toujours prêt, toujours prompt, de pied ferme, en
  courant,
Donne de deux combats le spectacle effrayant.
C'est ainsi que l'on voit dans les Champs des Numides,
Différemment armés des Chasseurs intrépides;
Les coursiers écumans franchissent les guérets,
On gravit sur les monts, on borde les forêts,
Les piéges sont dressés, on attend, on s'élance,
Le javelot fend l'air, & le plomb le devance;
Les Léopards sanglans, percés de coups divers,
280 D'affreux rugissemens font retentir les airs;
Dans le fond des forêts ils vont cacher leur rage.

Ah! c'est assez de sang, de meurtre, de ravage,
Sur des morts entassés c'est marcher trop long-tems.
Noailles, [37] ramenez vos Soldats triomphans;
Mars voit avec plaisir leurs mains victorieuses
Traîner dans notre Camp ces machines affreuses,
Ces foudres ennemis contre nous dirigés.
Venez lancer ces traits que leurs mains ont forgés;
Qu'ils renversent par vous les murs de cette Ville,
290 Du Batave indécis la Barrière & l'asile,
Ces premiers [38] fondemens de l'Empire des Lis,

---

bat de Sahy, où il avoit reçû trois blessures. L'opinion la plus vrai-
semblable sur l'origine du mot *Dragon*, est qu'ils portèrent un Dragon
dans leurs Etendarts sous le Maréchal de Brissac, qui institua ce Corps
dans les guerres du Piémont.

37. Le Comte de Noailles attaqua de son côté la Colomne d'Infanterie Anglaise avec une Brigade de Cavalerie, qui prit ensuite des
canons.

38. Tournay, principale Ville des Français sous la première Race,
dans laquelle on a trouvé le tombeau de Childeric.

Par les mains de mon Roi pour jamais affermis.
Déja Tournay se rend, déja Gand s'épouvante;
Charlesquint s'en émeut, son ombre gémissante
Pousse un cri dans les airs, & fuit de ce séjour,
Où pour vaincre autrefois le Ciel le mit au jour.
Il fuit : Mais quel objet pour cette ombre allarmée !
Il voit ces vastes champs couverts de notre Armée,
L'Anglais, deux fois vaincu, cédant de toutes parts,
300 Dans les mains de LOUIS laissant ses Etendarts;
Le Belge en vain caché dans ses Villes tremblantes,
Les murs de Gand tombés sous ses mains foudroyantes,
Et son Char de victoire, en ces vastes remparts, 39
Ecrasant le berceau du plus grand des Césars. 40

    FRANÇAIS, heureux Français, peuple doux & terrible,
C'est peu qu'en vous guidant LOUIS soit invincible,
C'est peu que le front calme, & la mort dans les mains,
Il ait lancé la foudre avec des yeux serains;
C'est peu d'être vainqueur : il est modeste & tendre,
310 Il honore de pleurs le sang qu'il fit répandre;
Entouré des Héros qui suivirent ses pas,
Il prodigue l'éloge, & ne le reçoit pas;
Il veille sur des jours hazardés pour lui plaire :

---

  39. La Ville de Gand soumise à Sa Majesté le 11. Juillet, après la défaite d'un Corps d'Anglais par M. du Chaila, à la tête des Brigades de Crillon & de Normandie, le Régiment de Grassin, &c.

  40. Des Césars modernes.

Le Monarque est un Homme, & le Vainqueur un
  Père.
Ces captifs tout sanglans, portés par nos Soldats,
Par leur main triomphante arrachés au trépas,
Après ces jours de sang, d'horreur & de furie,
Ainsi qu'en leurs foyers au sein de leur Patrie,
Des plus tendres bienfaits éprouvent les douceurs;
320 Consolés, secourus, servis par leurs Vainqueurs.
O grandeur véritable! O victoire nouvelle!
Eh! Quel cœur enivré d'une haine cruelle,
Quel farouche Ennemi peut n'aimer pas mon Roi,
Et ne pas souhaiter d'être né sous sa Loi!
Il étendra son bras, il calmera l'Empire.

DEJA Vienne se tait, déja Londre l'admire;
La Bavière confuse au bruit de ses exploits,
Gémit d'avoir quitté le Protecteur des Rois;
Naple est en sûreté, Turin dans les allarmes;
330 Tous les Rois de son sang triomphent par ses armes;
Et de l'Ebre à la Seine en tous lieux on entend:
LE PLUS AIMÉ DES ROIS EST AUSSI LE PLUS GRAND.
Ah! qu'on ajoute encore à ce titre suprême,
Ce nom si cher au monde, & si cher à lui-même,
Ce prix de ses vertus qui manque à sa valeur,
Ce titre auguste & saint de PACIFICATEUR;
Que de ces jours si beaux, de qui nos jours dépendent,
La course soit tranquille, & les bornes s'étendent.
Ramenez ce Héros, ô vous qui l'imitez,
340 Guerriers, qu'il vit combattre & vaincre à ses côtez:
Les palmes dans les mains nos Peuples vous attendent;

Nos cœurs volent vers vous, nos regards vous demandent;
Vos Mères, vos enfans, près de vous empressés,
Encor tout éperdus de vos périls passés,
Vont baigner, dans l'excès d'une ardente allegresse,
Vos fronts victorieux de larmes de tendresse;
Accourez, recevez à votre heureux retour,
Le prix de la Vertu par les mains de l'Amour.

FIN.